世界の街角グルメ

～ Street Foods Around the World ～

Contents

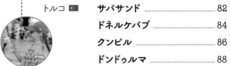

3章 アメリカの街角グルメ

● コラム

● レシピ

カオラウ　ベトナム 🇻🇳

中部ホイアンの名物料理。石灰分の多いホイアンの井戸水で作られるため、麺が太くコシがあるのが特徴。醬油ベースの甘いタレにからませていただく汁なし麺で、シャキシャキの野菜とパリパリとした煎餅がアクセントになっています。地元の人の朝ごはんの定番なので、早朝にホイアンの街を歩いているとノンラー（すげ笠）をかぶった女性が天秤を肩に担いで売り歩く姿が見られます。客が来たところで荷物を広げ、鮮やかな手さばきで作ってくれます。

コムヘン　ベトナム 🇻🇳

「コム」はごはん、「ヘン」はシジミという意味。ごはんにゆでたシジミのむき身と
刻んだ野菜やハーブ、カリカリに揚げた豚の皮やピーナッツなどをのせ、熱々の
シジミのゆで汁をかけた料理。お茶漬けのようにさらさら食べられるので、古都フ
エの朝ごはんとして庶民に愛されています。卓上に置いてある、アミを塩漬けにし
て発酵させたフエ特産のペースト状の調味料「マムルォック」や唐辛子を混ぜて、
塩気や辛さを調整します。

バインミー ベトナム ★

パテやハム、野菜やなます、ハーブなどの具材を挟んだベトナムのサンドイッチ。パン文化が広まったフランス統治時代に、フランスとベトナムの文化が融合して生まれたソウルフードです。具材は豚ハムやレバーペーストのような定番以外にも、エビやサバなど、お店によって様々。ベトナムのフランスパンは表面がサクッと、中はふんわりとした軽い食感なので、噛むと軽快な音とともに具材の味わいが口いっぱいに広がります。

フォー　ベトナム 🇻🇳

北部ハノイで生まれたといわれる麺料理。
地域によって様々な味があります。日本では
鶏のフォーが人気ですが、ベトナムではフォー
といえば牛肉。平打ちの米麺に牛肉とハー
ブをのせ、じっくり時間をかけてとった牛骨
のスープをかけます。牛肉はあらかじめ煮て
あるものと、生肉にさっと火を通したものが
あって、ライムや卓上の調味料を上手に使っ
て自分の味を作るのがベトナム流。屋台の
ほか、専門店でも本場の味を堪能できます。

11

バインセオ　ベトナム 🇻🇳

南部と中部で食べられるベトナム風のお好み焼き。米粉にココナッツミルク
を混ぜ、薄く焼き上げたクリスピーな生地が特徴。生地の黄色は卵ではなく、
ターメリックで着色されています。プリプリのエビにジューシーな豚肉、シャキ
シャキのもやしを包んだ具沢山な一品。きのこやイカを使うお店もあります。添
えられている山盛りのレタスにハーブと一緒に包んで、なます入りのヌクマム（ベ
トナム魚醤）のタレにつけていただきます。

カオニャオマムアン　タイ ≣

「カオニャオ」は餅米、「マムアン」はマンゴーという意味。ココナッツミルクと砂糖で炊いた甘い餅米にカットしたマンゴーを添え、ココナッツミルクソースをかけてカリカリに炒った緑豆を散らした定番のスイーツです。ココナッツミルク味の餅米にはほんのり塩気があるので、みずみずしく甘いマンゴーとのバランスが絶妙。屋台や水上マーケットなどでも気軽に買えて、持ち帰りもできます。タイではマンゴーが旬の3〜5月によく食べられています。

カオマンガイ　タイ

鶏スープで炊いたごはんにゆで鶏をのせ、甘辛いタレをかけていただく料理。ヘルシーな印象がありますが、「カオ」は米、「マン」は油、「ガイ」は鶏肉という意味で、本場タイではお米をたっぷりの鶏油で炒めてから炊きます。鶏油でコーティングされたごはんはツヤがあって、うまみもたっぷり。シンガポールやマレーシアでは「海南鶏飯」と呼ばれ、タレが違います。揚げ鶏をのせたカオマンガイトートも人気で、甘めのチリソースとよく合います。

ガイヤーン　タイ ≡

東北部、イサーン地方の郷土料理。タイ風
焼き鳥のことで、鶏肉をナンプラーやにんに
く、パクチーの根などで調合したタレに漬け
てから焼きます。炭火でじっくりローストする
ので、ほどよい脂を残して皮はパリッと、中
はジューシーに焼き上がります。漬けダレは
基本的に2種類で、辛くて酸っぱいタレか甘
いチリソース。蒸した餅米と一緒にいただく
のがイサーン地方の伝統的な食べ方です。

カオソーイ　タイ▬

北部で親しまれているカレーラーメン。ゆで麺にココナッツミルク風味の濃厚カ
レースープをかけて、揚げ麺をトッピングします。チェンマイに移り住んだ雲南系
ムスリムが広めたということで、具材は鶏肉か牛肉が一般的。特に人気のあ
る鶏手羽元はしっかりと煮込まれているので、箸でするりとほぐれてしまうやわら
かさ。別添えの赤玉ねぎとタイの高菜漬けを混ぜ、ライムや卓上の調味料を加え
て自分好みの味に調整します。

おうちで作れるカオソーイ

材料（2人分）

鶏手羽元	4本
中華麺（生）	2袋
サラダ油	大さじ1
ナンプラー	大さじ1と1/2
砂糖	大さじ1
赤玉ねぎ（薄切り）・パクチー（ざく切り）・レモン（くし形切り）各適量	
A 水	300ml
ココナッツミルク	200ml
鶏がらスープの素	小さじ1
レッドカレーペースト	20g
カレー粉	大さじ1

作り方

①鶏肉は骨に沿って切り込みを入れて開き、サラダ油を熱した鍋で中火で焼く。

②焼き色がついたらAを入れて弱めの中火で15分ほど煮込み、ナンプラーと砂糖で味を調える。

③麺は袋の表示通りにゆで、水気を切って器に盛る。

④③に②を注いで、赤玉ねぎ、パクチー、レモンを添える。

※中華麺を揚げてトッピングすれば本格的に!

ホイトート　タイ🟰

貝を使ったタイ風お好み焼き。牡蠣やムール貝をゆるく溶いた米粉や小麦粉、卵と合わせ、たっぷりの油で揚げ焼きにします。カリッと焼いた香ばしい食感と、貝の凝縮されたうまみが味わえます。炒めたもやしと合わせ、チリソースをかけて食べるのが一般的。ライトですっきりした味わいのタイビールにもよく合います。屋台でも食べられますが、衛生面を考えると食堂やフードコートのほうが安全です。

ソムタム　タイ═

タイの屋台や食堂でおなじみの青パパイヤのサラダ。ソムタムの「タム」とは叩くという意味で、青パパイヤやトマト、ピーナッツと、ナンプラー、唐辛子、にんにく、干しエビなどをクロック（臼）に加えながら、サーク（棒）を使ってポクポクと叩いて作ります。辛さと甘酸っぱさが食欲をそそり、暑いタイにぴったりの爽快感があります。蒸した餅米をひと口大に丸めて、ソムタムの汁に浸して食べるのが現地流です。

サテ　インドネシア ▬

東南アジア諸国で食べられている串焼き料理。特製のタレに漬け込んだ肉を炭火で焼いたら、甘辛いピーナッツソースや辛いサンバル（チリソース）をつけていただきます。インドネシアの屋台でよく見かけるのは鶏肉を使ったサテアヤムですが、ヤギ肉を使ったサテカンビンも人気。一部の地域では、牛のサテサピや豚のサテバビも食べられます。日本の焼き鳥と違って肉のサイズが小さいので、屋台だと一人前10本入りで売られています。

ナシアヤム　インドネシア 🏳️

インドネシアにあるバリ島のソウルフード。「ナシ」はごはん、「アヤム」は鶏という意味で、鶏の色々な部位を煮たり焼いたりしてごはんとともに盛りつけたワンプレート料理のこと。つけ合わせに野菜の和えものや揚げたピーナッツ、鶏のひき肉にハーブを加えて練り込んだサテ（P22）などが添えてあるので、見た目も豪華。スパイスの複雑な香りが食欲をそそり、鶏肉のうまみをあますところなく堪能できます。

ナシゴレン インドネシア 🇮🇩

インドネシアの屋台や食堂で人気のナシゴレンは、朝ごはんとしても定番です。「ゴレン」は炒めるや揚げるという意味で、インドネシア風チャーハンのこと。具材は肉や魚介に加え、野菜もたっぷり。調味料にはサンバルとケチャップマニス（大豆を発酵させた甘いソース）が使われていて、辛味とコクがあります。ごはんを麺に変えたミーゴレンも人気で、食堂や屋台ではどちらも「スペシャル」と伝えると目玉焼きなどをトッピングしてくれます。

バビグリン　インドネシア 🇮🇩

豚の丸焼きのことで、ごはんとともにジューシーでやわらかなお肉やパリッとした皮、野菜のおかずなどをたっぷりと盛りつけたボリューム満点のひと皿。バビグリンは祭りごとや人が集まるときに食べるバリ島の伝統料理ですが、専門店に行けば観光客でも気軽に食べることができます。インドネシアは8割以上がイスラム教徒なので基本的に豚肉は食べませんが、バリ島ではヒンドゥー教が根づいているので豚肉は生活に欠かせない食材です。

バクテー　シンガポール 🇸🇬

漢字では「肉骨茶」と書きます。豚のスペアリブをこしょうやにんにく、様々なスパイスで煮込んだ滋味あふれるスープのこと。スープに浮かぶ巨大な骨つき肉は迫力満点。肉はしっかりと煮込まれているのでやわらかく、口の中でほろほろととろけます。現地ではごはんや油條（揚げパン）と一緒に食べます。朝ごはんや、お酒を飲んだ後のシメとしても人気。なお、マレーシア発祥のバクテーは漢方原料の香りが強く、スープが黒くて甘いのでまったく違った味わいです。

おうちで作れるバクテー

材料（2人分）

豚スペアリブ	400g
A水	1000ml
鶏がらスープの素	大さじ1
薄口醬油	大さじ1
酒	大さじ1
八角	2個
黒こしょう	10粒
ローリエ	1枚
長ねぎ（青い部分）	1本分
しょうが（薄切り）	1かけ
にんにく	3かけ

作り方

①鍋に分量外の湯を沸かす。スペアリブを5分ほどゆでて取り出し、水で洗って血合いや汚れを取りのぞく。

②鍋に①とAを入れて中火にかけ、沸騰したら弱めの中火で蓋をせずに40〜50分ほど煮る。

ロジャック　マレーシア🇲🇾

マレー語で「混ぜこぜ」「ごった混ぜ」という意味で、数種類の果物や野菜を食べやすく切って特製ソースにからめて食べるサラダ。おやつとしても親しまれています。真っ黒なソースは、エビのペーストやタマリンド、唐辛子、黒醤油、砂糖などを合わせた複雑な味わいで、甘さの後に辛さと甘酸っぱさが追いかけてきます。インド系、中華系、ジョホール系など、民族によって具材やソースは様々です。

ナシレマ　マレーシア🇲🇾

多民族国家のマレーシアですが、民族を問わず人気のあるごはんといえばナシレマ。「レマ」はココナッツミルクという意味で、ココナッツミルクで炊いたごはんのことをいいます。ナシレマの基本形は揚げた小魚とピーナッツ、卵、きゅうりに、お店特製のサンバル。これにから揚げや魚のすり身などを足して自分好みにカスタマイズします。持ち帰り専門の屋台では、バナナの葉や油紙に包んでくれます。

タホ　フィリピン ▶

朝、フィリピンの街を歩いていると、天秤を担いだタホ売りとよく出会います。タホとは温かい絹ごし豆腐にタピオカのような食感の「サゴ」と、黒糖シロップを混ぜて食べるフィリピンの伝統的なスイーツ。現地では庶民の朝ごはんとしても人気ですが、ストローを使うことも多いのでドリンク感覚で楽しめます。黒糖のほか、フルーツを使ったシロップとの相性もよく、やさしい甘さがじんわり広がります。

バナナキュー　フィリピン ▶

フィリピンのバナナは種類が豊富。日本に
出回っているフィリピンバナナとは異なり、バ
ナナキューに使われるバナナは「サバ」と呼
ばれる加熱調理用のバナナで、太くてかたく、
短い形が特徴です。バナナキューとはバナ
ナのバーベキューの略で、皮をむいたバナナ
を素揚げしてブラウンシュガーをまぶし、さら
に揚げてから2本ずつ串に刺したもの。大学
いものような濃厚な甘みで、腹持ちもいいの
で食事代わりにもなります。

チャーモッチァムォーイマレッ　カンボジア

カンボジア名産のこしょうを生のままイカと一緒に炒めた料理。鮮やかな緑色の生こしょうは乾燥させたものよりも辛味が弱く、さわやかな風味が口いっぱいに広がります。にんにくやオイスターソースなどで味つけされているので、白いごはんはもちろん、ビールにもよく合います。鮮度のよい生こしょうをたっぷりと味わえる贅沢な一品です。

アモック　カンボジア

カンボジアを代表する伝統料理のひとつで、
淡水魚をココナッツミルク風味のカレーで煮
たもの。バナナの葉やヤシの実を器にして提
供するお店もあります。溶き卵を入れてふわふ
わに仕上げた茶碗蒸しタイプとスープカレータ
イプがあり、どちらも白いごはんによく合います。
カンボジア料理はタイ料理に比べて辛味が少
なく、スパイスやハーブの使用量も控えめなの
で、日本人好みのマイルドな味わいといわれて
います。

クイティウ カンボジア

カンボジアの朝ごはんの定番。米粉で作られたつるつるでもっちりとした麺に、あっさりとした豚骨スープをかけたもので、牛・豚・鶏・肉団子・シーフードなどから具材を選びます。卓上に置いてある生もやしやハーブ、ライムや、チリソース・ナンプラー・砂糖などの調味料を自由に足して自分好みの味に仕上げるのが現地流。早起きして市場や食堂に行けば、多くの人でにぎわう活気のある光景が見られます。

モヒンガー　ミャンマー 🇲🇲

ミャンマーを代表する国民食。「サンズィー」と呼ばれる米粉で作られた細麺に、
ナマズの出汁をベースにしたスープをかけた料理のこと。朝ごはんの定番で、屋
台や食堂で気軽に食べられます。鮮度のよいナマズをレモングラスで煮ているの
で臭みがなく、複雑なうまみとコクのあるスープが米麺によくからみます。お好み
でパクチーや揚げもの、ゆで卵、バナナの茎などをトッピングします。

ラペットゥ　ミャンマー 🇲🇲

発酵させたお茶の葉を数種類の揚げた豆や干しエビなどで和えたサラダ。お茶う
けとしても食べられています。地域によって、あらかじめ具材と混ぜて出される場
合と、具材を混ぜずにお好みで選ぶ場合があります。ミャンマーは周囲をインドや
タイ、中国に囲まれ、料理にも各国の影響が見られますが、お茶の葉を食べる習
慣は古くからミャンマーの食文化として根づいています。カフェイン含有量が多い
ので、現地では眠気覚ましに食べる人も多いそうです。

41

エマダツィ　ブータン

"世界一辛い料理"と称されるブータンの国民食。生の唐辛子をチーズで煮込んでいます。日本では調味料として用いられる唐辛子を、ブータンでは野菜としてたっぷりと使っているので超激辛。汗をかきながら大量の赤米と一緒にいただくのがブータン人の食べ方です。トマトやじゃがいも、きのこなどを加えたものもあって、チーズのコクとよく合います。ブータン料理に唐辛子は欠かせないため、市場では唐辛子がたくさん売られています。

おうちで作れるエマダツィ

材料（2人分）

青唐辛子	10本
玉ねぎ	1/2個
にんにく	2かけ
ピザ用チーズ	100g
パクチー（ざく切り）	適量
A 水	200ml
サラダ油	大さじ1
塩	小さじ1/2

作り方

①青唐辛子はヘタを切り落として縦半分に切る。玉ねぎとにんにくは薄切りにする。

②鍋に①とAを入れて中火で煮る（なるべくかき混ぜずにそのままおいて火を通す）。

③具材に火が通ったら、チーズを加えてひと煮立ちさせる。全体を混ぜて器に盛り、お好みでパクチーをのせる。

※種を取ると辛さが少し和らぎます。

モモ　ネパール🏴

見た目は小籠包や日本の餃子とそっくりで、蒸したものが一般的ですが、揚げた
ものもあります。皮が厚めでもっちりとしていて、「モモアチャール」と呼ばれる
スパイスのきいたディップソースでいただきます。屋台では手際よくモモを作る
人たちの姿が見られ、まるでネパール人の台所をのぞき見ているよう。具材は水
牛のひき肉が人気。ネパールが有名ですが、じつはモモの発祥はチベットです。

カオソーイ　ラオス 🇱🇦

タイ北部で食べられるカオソーイ（P18）はカレー風味ですが、ラオスのカオソーイはまったくの別物。ルアンパバーンなどの北部でしか食べられない料理で、きしめん風のつるつるとした平打ちの米麺に、発酵させた大豆を加えた肉味噌をたっぷりのせます。坦々麺に似ていますが、スープは澄んでいてさっぱりしています。うま辛い味わいがやみつきに。ハーブをたっぷりちぎってスープに加え、混ぜながらいただきます。

コットゥ　スリランカ 🇱🇰

スリランカの街を歩いていると、屋台や食堂か
ら「コット、コット、コット」と金属を叩き合うよ
うなリズミカルな音が聞こえてきます。この音
が名前の由来となったコットゥを調理しているの
です。鉄板の上で幅の広い包丁を使って、ロティ
(小麦粉で作ったクレープに似た薄い生地のパ
ン)を細かく刻みながら、肉や野菜、卵、スパイ
スなどと合わせ、香ばしく炒めます。豊富な
具材と、複雑なスパイスの味が口いっぱいに
広がります。

エッグホッパー　スリランカ

「ホッパー」とはお椀型のフライパンでココ
ナッツミルク入りの米粉の生地を薄く焼いた
クレープのようなもので、卵を割り入れて一
緒に焼き上げたのがエッグホッパー。スリラ
ンカ人の朝食として親しまれています。生地
は、外側はカリカリで中央の少し厚い部分は
もっちりとしていて、卵との相性も抜群。屋
台や食堂はもちろん、ホテルの朝食でも食べ
られます。唐辛子ペーストなどのつけ合わ
せや、カレーと一緒に食べるのが一般的。

サモサ　インド 🇮🇳

北インドでよく見かける定番の軽食。スパイスで味つけをしたじゃがいもやグリンピースの炒め蒸しを、小麦粉の生地で三角錐に包んで揚げます。生地はサクッ、中の具材はしっとりとしていて、ターメリックやクミンシード、コリアンダーシードなどの様々なスパイスがしっかりきいた刺激的な味わい。お好みでトマトケチャップやミントソースなどをつけていただきます。チェーン店もありますが、屋台でいただく揚げたては格別です。

パオバジ　インド 🇮🇳

ムンバイ発祥のストリートフードで、「パオ」はパン、「バジ」は野菜のおかず（カレー）という意味。インドのパンというと、ナンやチャパティといった平たい形を想像しますが、ムンバイはポルトガルの影響を強く受けているので、パオバジのパンはこぶし大に成形されたちぎりパンのようなもの。数種類の野菜をスパイスやバターをたっぷり使って炒め、パオに吸わせたり、挟んだりしていただきます。野菜のうまみたっぷりのカレーがふわふわのパオによく合います。

パニプリ　インド 🇮🇳

インドのストリートフードとして有名な球状の揚げ菓子。なんとも変わったおやつで、屋台では注文を受けてから親指を使って穴を開け、ゆでてつぶしたじゃがいもや、刻んだトマト、玉ねぎ、パクチーなどを混ぜたものを詰め、ハーブやタマリンド、スパイスを溶かした水を穴にすくい入れてくれます。サクサクとした軽い食感で、ひと口で食べればさわやかな香りと甘酸っぱくて辛い味わいが口いっぱいに広がります。

グラブジャムン　インド 🇮🇳

"世界一甘いお菓子"と称されているインドのお菓子。スキムミルクを使った3cmほどのボール状のドーナツを芯までシロップ漬けにしたもので、脳に響くほどの強烈な甘さ。シロップにはカルダモンが使われているので、甘さの奥にほんのりとスパイスが感じられます。辛いインド料理を食べた後のお口直しにもぴったり。街角の屋台では、シロップがなみなみと注がれた大きな器にグラブジャムンをたっぷりと入れて売っています。

トッポッキ　韓国 🇰🇷

お餅を使ったトッポッキは屋台になくてはならない存在。韓国のお餅は餅米ではなくうるち米を使っているので、加熱しても溶けずにもっちりとした食感。甘辛い味つけがクセになります。一緒に売られているのが、長い串に練りものをくねくねと刺した韓国おでんと豚の腸詰めのスンデ、キンパ（P60）といった軽食。おでんは醤油ベースのタレにつけていただきますが、トッポッキのタレにも合います。スンデは塩でいただくのが一般的。

キンパ　韓国 🇰🇷

韓国風海苔巻きのことで、韓国の代表的な軽食。見た目は日本の太巻きにそっくりですが、ごはんは酢飯ではなく、ごま油と塩で味つけしたものを使います。具材はチーズやツナ、牛肉、ナムル、たくあん、卵などで、海苔にもごま油とごまがたっぷりとかかっています。ミニサイズの韓国風海苔巻きの「コマ（ちびっこ）キンパ」は、具材は少なめですが、小さいので食べやすくて人気。韓国の屋台で食べると、おでんスープのサービスがあります。

おうちで作れるコマキンパ

材料（作りやすい分量）

きゅうり	1本
たくあん	30枚
カニカマ	8本
焼き海苔（大判）	3枚
温かいごはん	1合
白いりごま	適量
Aごま油	小さじ2
塩	少々

作り方

①きゅうりは縦6等分に切って、半分の長さに切る。たくあんは千切り、カニカマは縦に細かく裂く。

②ごはんにAを加えて混ぜる。

③海苔はそれぞれ4等分に切る。海苔の手前から2/3までごはんをのせて広げ、①をのせて巻く。

④表面にごま油（分量外）を薄く塗り、白いりごまをふる。

ホットク　韓国 🇰🇷

韓国では人が集まるところには必ず、おやつを売る屋台があります。老若男女問わず、韓国の人たちに愛されているのがホットク。小麦粉の生地でシナモンパウダーと黒糖、クルミなどのナッツ類を包み、たっぷりの油をひいた鉄板の上で揚げ焼きにする作り方が主流です。ひと口食べると、もちもちとした生地の中からシナモンが香り、熱々の黒糖が溶け出してきます。チャプチェ（春雨炒め）などが入った総菜ホットクも人気です。

ルーローハン
魯肉飯 台湾 🇹🇼

台湾屋台の定番料理。細かく切った豚肉を醤油・酒・砂糖と、五香粉や八角などの
スパイスでじっくり煮込み、白いごはんにたっぷりかけていただきます。小ぶりのお
茶碗に盛りつけてくれるので、夜市で食べ歩きたいときや、ひと休みしたいときにも
ちょうどよいサイズ。豚肉以外にも卵や野菜、干ししいたけを一緒に煮込んでごはん
に盛る店もあります。トロトロの豚肉と甘辛い醤油ダレの香りが食欲をそそります。

ダージーパイ
大鶏排 台湾🇹🇼

夜市を訪れる観光客に人気なのが、台湾から
揚げの大鶏排。鶏むね肉1枚を叩いて大きく
伸ばしてからタレに漬け込み、衣をつけて揚
げたら仕上げに五香粉などのスパイスをたっぷ
りふります。顔よりも大きい見た目はインパク
ト大。タピオカ粉を混ぜているので衣はサクサ
クです。店によって味わいは異なりますが、ス
パイシーな香りが鶏肉のうまみを引き立て、
熱々をほおばればジューシーな肉汁があふれて
きます。

チョンジュアビン
葱抓餅　台湾🇹🇼

薄焼きのねぎ餅のこと。練った小麦粉を伸
ばして刻んだ小ねぎを加えて渦巻き状にねじ
り、それを押しつぶすように平たく伸ばして
から焼きます。回転させながらヘラで何度も
生地をつねってクシャクシャにすることで空
気を含ませます。パイのような生地が何層
にも重なっているので、パリパリとした食感
と、クレープのようなもっちりとした食感が
楽しめます。チーズや卵、バジルといったお
好みのトッピングで作ってくれます。

胡椒餅 台湾 🇹🇼
（フージャオビン）

台湾の屋台で人気のB級グルメ。たっぷりの小ねぎと、こしょうや五香粉などで味つけをした豚肉あんを生地で包み、窯で焼いた「お焼き」のようなもの。大きな窯の内側に胡椒餅をぐるっと貼りつけ、高温で焼き上げます。焼きたてをほおばれば、カリッとした食感の生地から湯気とともにスパイシーな香りが立ち上り、中から濃厚なうまみの肉汁がじゅわーっと流れ出てきます。皮はパン生地タイプとパイ生地タイプがあり、お店によって味つけも様々です。

鹹豆漿 台湾🇹🇼
（シェントウジャン）

豆乳をしょっぱく味つけた温かいスープで、朝
ごはんの定番。温めた豆乳を酢や醤油、ラー
油などで味つけし、お茶碗よりも少し大きめの
器に入れて油條や小ねぎ、切り干し大根などを
トッピングします。豆乳は酢でおぼろ豆腐のよ
うにゆるく固まっているので、とろとろ・ふわふ
わ食感。食欲がないときでも、のどを心地よ
く通っていきます。卵入りにするとさらにまろ
やかでやさしい味わいに。

豆花 <ruby>豆花<rt>トウファ</rt></ruby> 台湾🇹🇼

台湾ヘルシースイーツの筆頭ともいえる豆花。発祥は中国で、老若男女に愛される素朴な甘みの豆乳プリンです。絹ごし豆腐よりもやわらかく、なめらかでつるんとしたのど越し。ピーナッツや金時豆、フルーツ、タロイモ、白キクラゲなど、お好みの具材をトッピングしてシロップをかけるのが現地流。夏は冷たくして、冬は温かくして一年中食べられています。温かい豆花にはしょうがシロップもよく合います。

ショ ン チェン パ オ
生 煎 包 中国 🇨🇳

上海を代表するローカルフード。煮こごり入りの豚肉あんを包んだ小ぶりの肉まん
を鉄板で蒸し焼きにした点心のことで、日本では「焼き小籠包」とも呼ばれてい
ます。中からあふれ出す熱々のスープは小籠包と同じですが、少し厚みのある皮
で包んで蒸し焼きにしているので、表面はもちもち、底面はピザのようにカリカリ
としていて、食感の違いが楽しめます。上海では専門店もあり、おやつや朝ごは
んの定番になっています。

煎餅　中国 🇨🇳
（ジェンビン）

中国式クレープ。緑豆・粟・小麦などの粉で作った生地を鉄板で薄く伸ばし、小ねぎと卵を加えて味噌ダレを塗ったら、レタスやパクチーなどの野菜や油條をのせてくるくると包みます。素朴な味わいで、油條のカリカリとした食感がいいアクセントになっています。店によってはソーセージやベーコンなどをトッピングできます。中国の中でも天津や北京、山東省などでよく食べられています。

エッグワッフル　香港 ⭐

香港発祥のストリートフード。たこ焼き器のような丸い穴が並んだ鉄板に卵を加えた生地を流して焼き上げると、ベビーカステラがつながっているようなかわいらしい見た目に。生地にタピオカ粉を使用しているので、外はカリカリ、中はもちもち食感になります。「鶏蛋仔」と呼ばれる昔ながらのローカルスイーツでしたが、今では生クリームやフルーツ、チョコソースなどを加えてアレンジした進化系が人気。

column 1 東南アジアの活気あふれる 市場・屋台街

メークローン鉄道市場　タイ🚃

別名「タラード・ロム・フップ（傘をたたむ市場）」と呼ばれるメークローン鉄道市場は、一風変わった市場として人気があります。いつもは線路までせり出して商売をしていますが、電車が来ると店の人が慣れた手つきでパタパタとテントやパラソルをたたみ、通り過ぎるとすぐに広げて商売を再開します。目の前すれすれを電車が走るので迫力満点です。電車が通るのは1日8回。メークローン駅は終点なので、到着した電車に乗り込めば車内から市場を眺めることもできます。地元住民が日常的に利用していて、メークローン名物の「プラートゥー」と呼ばれる魚をはじめ、野菜、果物、日用品などが売られています。

旅先で地元の人たちの生活をじかに感じられる場所といえば、市場や屋台街。その土地の色々な商品や食べものが売られているので、食べ歩きしながらショッピングを楽しめます。特に東南アジアは活気にあふれ、連日お祭りのような盛り上がりを見せます。

ルアンパバーン・ナイトマーケット　ラオス 🇱🇦

ルアンパバーンのメイン通り（シーサワンウォン通り）で開催されている、観光客に人気のナイトマーケット。夕方からテントが立ち並び、毎晩大にぎわい。伝統工芸品や、少数民族の伝統的な刺繍が施されたバッグやポーチなどが売られています。メイン通りから細い路地に入ると、ラオス料理が食べられる屋台街にもなっています。

ジャラン・アロー　マレーシア 🇲🇾

約200mにわたって屋台がひしめくジャラン・アロー（アロー通り）は、夕方になると観光客や地元の人たちでにぎわいます。基本的には席に着いた店で料理を注文しますが、メニューにない料理は近隣の店から取り寄せも可能。開放的な空間で多種多様な料理を味わいながら、大道芸人のパフォーマンスや路上ライブなども楽しめます。

サバサンド　トルコ 🇹🇷

パンの消費量世界一を誇るトルコで、庶民に愛されているサンドイッチ。現地では「バルック・エキメッキ」と呼ばれています。作り方はシンプルで、やわらかいトルコ風のバゲットに鉄板で香ばしく焼いたサバ、新鮮な玉ねぎスライスとレタスを挟んで、レモン・塩・こしょうで味つけするだけ。イスタンブールのガラタ橋のたもとにあるレストランや屋台船が有名で、観光客はもちろん、地元の常連客も多いそう。

ドネルケバブ　トルコ 🇹🇷

フランス料理、中華料理と並んで、トルコ料理は世界三大料理のひとつ。代表的なトルコ料理といえば、日本でも屋台や移動販売などでよく見かけるドネルケバブです。「ドネル」は回転、「ケバブ」は肉などを焼いた料理の総称で、スパイスで味つけした羊肉や牛肉を積み重ねて塊にし、回転させながら焼いてそぎ切りにします。本場トルコでは、ごはんと一緒に食べるほか、パンで挟んでファストフードとしても親しまれています。

クンピル　トルコ 🇹🇷

イスタンブールで人気の、ボリューム満点の屋台めし。オーブンで蒸し焼きにした
大きなじゃがいもの切れ目に、たっぷりのバターとチーズを入れて混ぜ、様々なトッ
ピングをてんこ盛りにしたトルコ風ベイクドポテト。ハムやコーン、チーズやオリー
ブ、クスクス、ヨーグルトなど、トッピングはバラエティ豊か。仕上げにマヨネー
ズやトマトケチャップをかけていただきます。自分で好きなものを組み合わせて、
オリジナルの味を楽しめます。

ドンドゥルマ　トルコ 🇹🇷

日本でもおなじみの、トルコの"伸びるアイス"。増粘剤で粘り気を出す店も
ありますが、サーレップという植物の球根を粉末にしたものと砂糖をヤギのミ
ルクに加えるのが伝統的な作り方。甘いものが大好きなトルコ人ですが、ア
イスを食べるのは夏だけ。夏の風物詩として、街中や観光地でよく見かけます。
店先では、民族衣装を着た店員が長い金属の棒を使い、客に渡すと見せか
けて中々渡さないというパフォーマンスで楽しませてくれます。

ファラフェル　パレスチナ ▐

ひよこ豆やそら豆をつぶし、スパイスを混ぜて揚げたコロッケ。中東や地中海沿いの広い地域で食べられている家庭料理で、地域ごとに形や味が異なります。肉やパン粉を使っていないので低カロリーですが、食べ応えがあります。外はカリッと、中はホクホクとした食感。そのままでもスパイスがきいていますが、「タヒニ」と呼ばれるごまペーストのソースがよく合います。野菜などと一緒にピタパンで挟んだファラフェルサンドも人気。

91

フムス　パレスチナ 🇵🇸

豆のディップのことで、中東や地中海沿いの地
域で食べられている伝統料理のひとつ。「ホン
モス」「フンムス」などとも呼ばれています。ひ
よこ豆をすりつぶし、タヒニ、にんにく、オリー
ブオイル、レモン汁、塩と混ぜて作ります。パ
ンや野菜につけて食べるのが一般的で、ファラ
フェル（P90）にもよく合います。栄養価が高
いのに低カロリーなので、中東発のパワーフー
ドとして、ファラフェルとともに世界中で人気が
あります。

クナーファ　パレスチナ 🇵🇸

中東やバルカン半島で愛されている伝統菓子。「カダイフ」と呼ばれる小麦粉でできた細麺状の生地でフレッシュチーズを挟んで焼き、黄金色のシロップとピスタチオパウダーをたっぷりかけます。フィリング（詰めもの）の種類や調理法は地域によって様々。甘いシロップが口の中にじゅわっと広がり、そこにチーズのほどよい塩気が合わさります。サクサクとした食感の香ばしい生地と、熱々でとろとろのチーズがやみつきになります。

ホリアティキ　ギリシャ

食べやすく切ったトマトやきゅうりなどの野菜に、オリーブの実とフェタチーズを豪
快にのせたギリシャのサラダ。フェタチーズとはギリシャ発祥のヤギまたは羊の乳
を使ったチーズのことで、牛乳で作るチーズよりも酸味と塩気が強く、深いコク
があります。また、ポロポロと崩れるような食感も特徴です。ドレッシングは塩・
黒こしょう、ドライオレガノなどをふり、オリーブオイルを少量かけるだけ。シンプ
ルですが、彩りも鮮やかで人気のサラダです。

ムサカ　ギリシャ🇬🇷

ギリシャやトルコ、エジプトなどの広い地域で
食べられている家庭料理。材料や作り方は様々
で、ギリシャのムサカはなすやじゃがいもとミー
トソースを層になるように重ね、ベシャメルソー
スとチーズをのせてオーブンで焼き上げたもの
で、イタリアのラザニアとよく似ています。一方、
トルコのムサカはベシャメルソースやチーズを使
わず、あっさりとした味わい。エジプトは肉とな
す、トマト、玉ねぎを煮込むだけで、ムサカのルー
ツといわれています。

ギロピタ　ギリシャ 🇬🇷

ギリシャの代表的なファストフード。スパイス
で味つけした豚肉などの塊を炭火であぶり、
薄くそぎ落とした「ギロ」を、玉ねぎスライス
やトマト、フライドポテトなどと一緒にピタパン
で包んだもの。肉の焼き方はトルコのドネ
ルケバブ（P84）と同じです。ギロピタに欠
かせないのが、きゅうりやにんにく、ディルな
どをかためのヨーグルトと合わせた「ザジキ」
と呼ばれるソース。さわやかなヨーグルトが
スパイシーな肉と絶妙にマッチし、さっぱり
食べられます。

スブラキ　ギリシャ🏳

肉などを串に刺して炭火で焼いた料理。主に豚肉ですが、鶏や羊、魚介や野菜などのスブラキもあります。「タベルナ」と呼ばれる大衆食堂では串のまま器に盛って提供するのが一般的。日本の焼き鳥やトルコのシシケバブに似ていますが、スブラキはつけ合わせにフライドポテトやザジキが添えられています。ギロピタ（P97）のようにピタパンで挟んでファストフード店でも売られています。

チケッティ　イタリア

水の都・ヴェネツィアの路地裏にある「バーカロ」と呼ばれる立ち飲みスタイルの居酒屋では、カウンターにずらりと並ぶチケッティ（小皿のおつまみ）をつまみながら、ワインを楽しむことができます。魚介のマリネやオイル漬け、フリットやチーズなど、地元産のワインに合わせたおつまみばかりなので目移りしてしまいます。朝から開いている店も多く、バーカロは地元の人の交流の場として親しまれています。

ポルケッタ　イタリア🇮🇹

子豚を1頭丸ごと焼いたローストポークのことで、お祝いの席で食べられるイタリアの伝統料理。子豚の姿を残したまま内臓や骨を抜き、塩やにんにく、ハーブ類を詰めて焼きます。シンプルな味つけですが、カリッと香ばしく焼けた皮とジューシーな肉のバランスが絶妙です。カットした肉をそのまま食べたり、ナイフでそぎ切りにしてパンに挟んで食べたりもします。今では街の総菜店でも手軽に買えます。

アランチーニ　イタリア🇮🇹

イタリア発祥のライスコロッケ。シチリアとナポ
リの名物料理で、その形から「小さなオレンジ」
を意味するアランチーニという名前がつけられ
ました。とんがり帽のような円錐形のものと丸
い球形のものがあり、サフランリゾットがベース
ですが、ラグー（ミートソース）入り、モッツァレ
ラチーズ入りなどバリエーションも豊富。専門
店もありますが、バールやピッツェリアでも軽く
つまめるサイドメニューになっています。

パンツェロッティ　イタリア🇮🇹

プーリア州の郷土料理。小さなピザ生地にト
マトやモッツァレラチーズなどをのせ、半月
形に包んで揚げた、揚げパンの一種。アン
チョビやプロシュートなど、地域によって入れ
る具材も様々。今ではイタリア全土のパン屋
や総菜店で気軽に購入できる人気のストリー
トフードです。揚げたてにかぶりつくと、パリ
パリの生地の中から火傷しそうなほど熱々の
トマトとチーズがあふれ出てきます。

ジェラート　*イタリア* 🇮🇹

イタリア人がこよなく愛するデザート。街角には「ジェラテリア」と呼ばれる専門
店があり、店先でおいしそうにほおばる人や、食べ歩きする人の姿をよく見かけ
ます。ジェラートは牛乳や生クリームをベースに砂糖を加え、空気を抜いてから
冷やしているのでなめらかな舌触りが特徴。人気店ではチョコレートやピスタチ
オ、レモン、ヨーグルトなどの定番に加え、旬のフルーツなど様々なフレーバー
が味わえます。

おうちで作れる柚子ヨーグルトのジェラート

材料（作りやすい分量）

プレーンヨーグルト	200g
生クリーム	100ml
柚子ジャム	80g
ミントの葉	適量

作り方

①冷凍用保存袋にヨーグルト、生クリーム、柚子ジャムを入れてよくもんで、冷凍庫で冷やす。

②2時間ほどしたら、袋の上から手で軽くもみほぐし、さらに2時間ほど冷やす。

③器に盛り、お好みでミントを飾る。

※ブルーベリーやストロベリー、マーマレードジャムでもおいしく作れます。

タパス　スペイン 🇪🇸

バーと食堂が一緒になったようなスペインの飲食店「バル」で、酒のおつまみや
前菜として提供される小皿料理のこと。オリーブや生ハムなどの簡単なものから、
オープンサンドやグリル、煮込み料理といった手の込んだものまで含まれます。
串に刺したひと口サイズのおつまみは「ピンチョス」といいます。バルのカウンター
にはバリエーション豊富なタパスがずらりと並び、見た目も華やか。地元の人はお
酒とタパスを軽くつまんだら、次の店に移動して食べ歩きを楽しむそう。

おうちで作れるパン・コン・トマテ（スペイン風トマトパン）

材料（2人分）

パン・ド・カンパーニュ（スライス）	2枚
トマト	1個
にんにく	1かけ
A オリーブオイル	大さじ1
塩	小さじ1/8

作り方

①トマトは皮をむいてすりおろし、Aを加えて混ぜる。
②パンは半分に切り、トースターで両面こんがり
と焼く。半分に切ったにんにくを表面に軽くこすり
つけ、①を塗る。

※スペインバル定番のおつまみ。刻んだ生ハムをのせ、ドラ
イバジルをふってもおいしいです。

ボカディージョ　スペイン🇪🇸

スペイン全土で愛されているサンドイッチ。作り方はシンプルで、パリッと噛み応
えのある小ぶりのバゲットに具材を1～2種類挟んでオリーブオイルをかけるだ
け。たいていのバルに置いてある定番メニューです。「ハモン」と呼ばれる生ハム
をたっぷり挟んだボカディージョは、その豪快な見た目から観光客にも大
人気。マドリード名物のカラマリ（イカフライ）を挟んだボカディージョはボリュー
ムたっぷりで、ビールにもよく合います。

チュロス　スペイン 🇪🇸

日本でもおなじみのチュロスですが、スペインのものは日本のものと比べるとやや
細めで、カーブしたものやリング状のものがあります。あまり砂糖などで味つけさ
れていないので、揚げたてをホットチョコレートにつけて食べるのが一般的。サク
サクとした軽い食感と、チョコの濃厚なうまみが楽しめます。朝食の定番ですが、
お酒を飲んだ後のシメとして食べる人も多いそう。チュロスより太くてもっちりした
「ポラス」もあります。

ジャケットポテト　イギリス 🇬🇧

肉料理のつけ合わせなどでおなじみなのが、じゃがいもを皮ごとオーブンで焼いたベイクドポテト。イギリスではじゃがいもの皮をジャケットに見立て、「ジャケットポテト」と呼んでいます。専門店ではオーブンで焼いた大きなじゃがいもに切れ目を入れ、ベイクドビーンズやチリコンカン、ツナマヨコーン、チーズなど、好きな具材をトッピングできます。ボリューム満点なので2人でシェアして食べるのがおすすめ。パブやカフェでも食べられます。

おうちで作れるジャケットポテト

材料（2人分）

じゃがいも（中）	2個
ツナ缶	1缶
ピザ用チーズ	20g
パセリ（みじん切り）	適量
Aマヨネーズ	大さじ1
塩・黒こしょう	各少々

作り方

①じゃがいもは皮ごとよく洗い、1個ずつ濡らしたキッチンペーパーで巻いてからラップで包む。電子レンジ（600W）で3分加熱し、ひっくり返して、さらに2分加熱する。

②ツナは缶汁を切り、Aを加えて混ぜる。

③①に十字の切り込みを入れて②を挟み、チーズをのせる。

④トースター（1000W）に入れ、チーズに焼き色がつくまで5分ほど加熱し、お好みでパセリを飾る。

※ツナをコンビーフやサバ缶に変えてもおいしいです。

フィッシュアンドチップス　イギリス🇬🇧

タラなどの白身魚のフリッターに棒状のフライドポテトを添えた、イギリス人のソウルフード。安価ですぐに食べられ、さらに腹持ちもよいことから国内に広く浸透した歴史ある料理です。ゆでたグリンピースや、えんどう豆をマッシュしたものとタルタルソース、レモンを添えるのが基本で、モルトビネガー（麦芽酢）をかけて食べるのがイギリス式。強い酸味が脂っこさを和らげ、うまみが増します。

カリーヴルスト　ドイツ

ベルリン発祥のＢ級グルメで、屋台で人気のカレー味のソーセージ。焼いたソーセージをひと口サイズにカットして、甘いトマトケチャップベースのソースとカレー粉をかけたもので、フライドポテトやパンと食べるのが一般的。ソーセージはたっぷりの油で焼き上げているので皮がパリッと香ばしく、とってもジューシー。ソーセージは皮なしも選べます。甘いソースとスパイシーなカレー粉の風味がアクセントになって、食欲を刺激します。

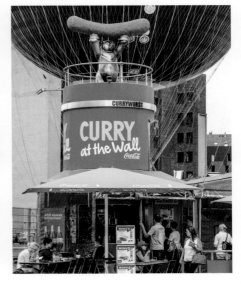

119

タルトフランベ　フランス🇫🇷

アルザス地方の伝統料理。薄く伸ばしたピザのような生地に「フロマージュ・ブラン」と呼ばれるなめらかなチーズと、ベーコンや玉ねぎなどをトッピングして窯で焼いたもの。日本では「アルザス風ピザ」とも呼ばれています。アルザス地方ではビストロやカフェで気軽に食べられ、スーパーなどでも購入できます。トマトソースを使わず、あっさりとした味わいなので、白ワインによく合います。

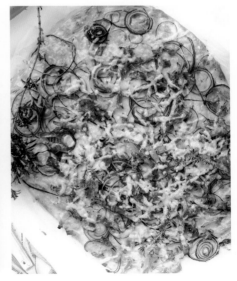

ガレット　フランス 🇫🇷

ガレットは、フランスでは丸くて平たい料理のことを指しますが、日本ではブルターニュ地方の郷土料理である、そば粉で作るクレープが有名です。街のあちこちに「クレープリー」と呼ばれるクレープとガレットの専門店があり、チーズや卵、ハムなどの具材をのせるガレットは食事として楽しまれています。リンゴから作られた発泡酒のシードルで乾杯し、メインディッシュにガレット、デザートに甘いクレープをいただくのが定番です。

クロックムッシュ　フランス🇫🇷

19世紀のはじめにパリで生まれたホットサンドイッチ。パンにハムやチーズを挟んでバターでカリカリに焼いたもので、冷めてもおいしく食べられます。表面にベシャメルソースをたっぷり塗って仕上げると、リッチな味わいになります。カフェやブラッスリーではサラダを添えて提供されることも多く、朝ごはんやブランチの定番。ちなみにクロックムッシュに目玉焼きをのせるとクロックマダムになります。

123

フリッツ　ベルギー ■■

料理のつけ合わせとしてもおなじみのフライドポテト。じつはベルギー発祥で、現地では「フリッツ」と呼ばれています。ベルギーの国民食としてフリッツ単体で食べられることも多く、街のいたるところに専門店が立ち並んでいます。ベルギーフリッツは太さが 10〜13㎜ という決まりがあり、食べ応えのある太さは、素材本来のうまみが楽しめます。二度揚げするので、外はカリッと、中はホクホク。マヨネーズと一緒に食べるのが定番です。

ベルギーワッフル　ベルギー ▎▎

ベルギーといえばチョコレートが有名ですが、ワッフルも国を代表するスイーツです。ベルギーワッフルには丸くてもっちり食感の「リエージュ」と、長方形で軽い食感の「ブリュッセル」の2種類があって、リエージュは生地自体が甘いのでトッピングなしでもよく食べられています。生クリームやフルーツをのせ、チョコレートソースをかけたボリュームたっぷりのワッフルは、食べ歩きグルメとして人気。

ハーリング　オランダ 🇳🇱

北海に面しているオランダには、デンマークやノルウェー沖でとれたニシンがたくさん入ってきます。ニシンの旬である5〜7月には、塩漬けして発酵させた生のニシン（ハーリング）を売る屋台が街中に現れ、みじん切りの玉ねぎときゅうりのピクルスを添えて売られています。ハーリングは内臓や骨を取りのぞいてあるので、しっぽをつまみ、上を向いて豪快にパクつくのが伝統的な食べ方。ハーリングをパンに挟んだサンドイッチも人気です。

ストロープワッフル　オランダ 🇳🇱

薄く焼いた2枚のクリスピー生地の間にキャラメルシロップを挟んだ、オランダの伝統菓子。そのまま食べてもサクサクとした食感を楽しめますが、現地ではコーヒーや紅茶などを入れたカップの上にのせ、温めて食べるのが一般的。キャラメルシロップがゆっくりと温められて香ばしいワッフル生地からとろりと溶け出し、ふんわりシナモンが香ります。オランダみやげとしても人気のお菓子です。

131

ウィンナーシュニッツェル　オーストリア

仔牛肉を叩いて薄く伸ばし、衣をつけて揚げたウィンナーシュニッツェル（ウィーン風カツレツ）は、イタリアのミラノ風カツレツがルーツといわれています。街の食堂だけでなく、高級レストランのメニューにもあるオーストリアを代表する名物料理です。衣がカラッと揚がっているので食感が軽く、レモンを絞れば後味はさわやか。お皿からはみ出るほどの大きさはインパクトがありますが、ペロリと食べることができます。シュニッツェルはドイツでも人気で種類も豊富です。

ZUM FIGLMÜLLER

Figlmüller
Das berühmteste Schnitzel in Wien
The most famous Schnitzel in Vienna
L'escalope de Vienne la plus célèbre
Il più famoso Schnitzel di Vienna

BÄCKERSTRASSE 6
täglich 12.00–24.00

おうちで作れるシュニッツェル

材料（2人分）

牛もも肉（ステーキ用）	2枚（約200g）
塩・黒こしょう	各少々
薄力粉・溶き卵・パン粉	各適量
クレソン	適量
レモン（くし形切り）	2切れ
A サラダ油	大さじ4
バター	20g

作り方

①ラップで牛肉を挟み、麺棒で叩いて3〜4mmの厚さに伸ばす。塩・黒こしょうをふって薄力粉・溶き卵・パン粉の順にまぶす。

②フライパンにAを入れて中火で熱し、バターが溶けたら①を並べる。

③きつね色になるまで両面焼き、器に盛ってクレソンとレモンを添える。

※パン粉は細かいものがおすすめ。なければザルで濾してから使いましょう。

ラーンゴシュ　ハンガリー ▬

大きな平たい揚げパンの上に、にんにくとサワークリームを塗り、チーズやベーコンなどをトッピングしたハンガリーで人気のB級グルメ。生地にゆでてつぶしたじゃがいもを混ぜているので、もっちりとした食感。たっぷり塗られたにんにくの風味がきいていて、やみつきになります。トッピングのバリエーションが豊富で、生クリームやチョコレートソースでいただくデザートタイプもあります。街中の専門店のほか、リゾートの屋台などでも購入できます。

郵 便 は が き

1708780

052

料金受取人払郵便

豊島局承認

2232

差出有効期間
2024年4月30日
まで

東京都豊島区南大塚2-32-4

パイ インターナショナル 行

|ı|lı·ıl|·ıl·ı|ılı|l·ı·l·||ıl·ı·ılıı·ıl·ılıl·|ı·ı·l·ı·l·ı|ıl·ılı|ı·l|ıı|

追加書籍をご注文の場合は以下にご記入ください

● 小社書籍のご注文は、下記の注文欄をご利用下さい。**宅配便の代引**にてお届けします。代引手数料と送料は、ご注文合計金額(税抜)が5,000円以上の場合は無料、同未満の場合は代引手数料300円(税抜)、送料600円(税抜・全国一律)。乱丁・落丁以外のご返品はお受けしかねますのでご了承ください。

ご注文書籍名	冊数	お支払額
	冊	円
	冊	円
	冊	円
	冊	円

注文書

● **お届け先は裏面に**ご記載ください。
(発送日、品切れ商品のご連絡をいたしますので、必ずお電話番号をご記入ください。)

● 電話やFAX、小社WEBサイトでもご注文を承ります。
https://www.pie.co.jp　TEL:03-3944-3981　FAX:03-5395-4830

ご購入いただいた本のタイトル　　　　　ご記入日：　　　年　　　月　　　日

●普段どのような媒体をご覧になっていますか？（雑誌名等、具体的に）

　雑誌（　　　　　　　　　　　　　）　WEBサイト（　　　　　　　　　　　）

●この本についてのご意見・ご感想をお聞かせください。

●今後、小社より出版をご希望の企画・テーマがございましたら、ぜひお聞かせください。

お客様のご感想を新聞等の広告媒体や、小社Facebook・Twitterに匿名で紹介させていただく場合がございます。不可の場合のみ「いいえ」に○を付けて下さい。		いいえ
性別　　男・女	年齢　　　　　　歳	ご職業
フリガナ お名前		
ご住所（〒　　　　—　　　　）　　TEL		
e-mail		
PIEメルマガをご希望の場合は「はい」に○を付けて下さい。　　はい		

トルデルニーク　チェコ🏴

プラハ旧市街の広場などで観光客に人気の屋台スイーツ。棒にくるくると巻き
つけて焼いたパン生地に砂糖やシナモンパウダーをたっぷりまぶしたもので、
外はサクサク、中はふわふわ。スロバキアやハンガリーなどでも食べられます
が、チョコレートやホイップクリーム、ソフトクリーム、フルーツなどをたっぷ
り詰めるのがプラハ流。ソーセージやハムを詰めた進化系もあります。見た目
もかわいいプラハの新名物です。

フランセジーニャ　ポルトガル

ポルトガル語で「フランス人の女の子」という意味で、愛らしい名前とは裏腹にボリューミーなポルトガル発祥のB級グルメ。クロックムッシュ（P123）をポルトガル人の口に合うようにアレンジした料理といわれています。ステーキ肉やベーコン、ソーセージなどをパンに挟んでたっぷりのチーズをのせて焼き、ビールで深みを出したトマトソースをかけます。フライドポテトや目玉焼きと一緒に食べるのが定番。

パステル・デ・ナタ ポルトガル

ポルトガルのエッグタルトのこと。マカオのエッグタルトも有名ですが、発祥はポルトガルの首都・リスボンにあるジェロニモス修道院。マカオに広まったのは、マカオがポルトガル領だったことによります。高温のオーブンに入れて焼き上げるので、パイ生地はパリパリ、中はトロトロ。濃厚なカスタードクリームを贅沢に味わえます。甘さ控えめなので、焼きたてに粉糖やシナモンパウダーをふって食べるのもおすすめです。

パスティッツィ　マルタ🏳️🇲🇹

青く澄み切った地中海に浮かぶ小さな島国、マルタでは、新鮮なシーフードやウサギ料理のほかにも、リコッタチーズや豆のペーストをパイ生地で包んで焼き上げたパスティッツィが有名です。朝食や小腹が空いたときに食べる人気の軽食ですが、ラードをたっぷり使っているため、かなりの高カロリー。デザート感覚で食べられるチョコレートクリームのパスティッツィなどもあって、パイ生地のサクサクとした食感との相性抜群です。

ハチャプリ　ジョージア 🇬🇪

ジョージアに伝わるチーズ入りのパンのこと。地域によって形が異なりますが、特に有名なのが黒海側にあるアジャラ地方のひし形のハチャプリ。もとは漁村の料理でパン生地は船、卵は太陽を表しているそう。焼きたてのハチャプリの中央に生卵とバターをのせるのが特徴です。卵とチーズ、バターをよく混ぜ、熱々のうちに生地をちぎってディップするのが定番の食べ方で、ボリューム満点です。

144

ヒンカリ　ジョージア🇬🇪

肉汁たっぷりの大きな水餃子のこと。牛や
豚、羊などのひき肉と水、刻んだ玉ねぎやコ
リアンダー、クミンなどのスパイスを混ぜて
具材を作り、小麦粉で作った厚手の生地に
包んだら、中心をつまんでとがらせてからゆ
でます。食べ方は、つまみ部分を手で持ち上
げ、側面を少しかじり、肉汁をこぼさない
ようにすすります。つまみ部分は生地がぶ厚
く、かたくて食べにくいため、現地では残す
のが一般的。

チュルチヘラ　ジョージア🏳

ジョージアの街を歩いていると、店先にソーセージやサラミのようなものがたくさんぶら下がっているのを目にします。じつはこれ、「チュルチヘラ」と呼ばれるジョージアの伝統菓子で、クルミやヘーゼルナッツを糸で一列につなぎ、小麦粉を加えて煮詰めたブドウ果汁にくぐらせて乾燥させることを繰り返したもの。使用する果汁によって色が変わり、そのままかじったり、薄く輪切りにして食べたりします。子どもから大人まで幅広く愛されているお菓子です。

ザピエカンカ　ポーランド 🇵🇱

細長いパンの上に野菜や肉、チーズなどをのせ、トマトケチャップをかけて焼いたポーランド風ピザトースト。旧市街にはおしゃれなポーランド料理店が並んでいますが、観光客が多いので値段も高め。ザピエカンカは街角のスタンドで気軽に食べられるので、食事を安くすませたいときや小腹が空いたときの間食として人気があります。20〜30cmほどと大きいので、2人でシェア、もしくはハーフサイズを注文するのがおすすめ。同じ名前でグラタン風の家庭料理もあります。

ポンチキ　ポーランド 🏳

ポーランドの伝統的なペイストリーで、穴のあいていないドーナツのような揚げ菓子。生地は揚げてあるのに軽くてふわふわ食感。中にジャムやチョコ、キャラメルなどのフィリングが詰まっています。定番の薔薇ジャムのポンチキは、ほのかに甘い生地と甘酸っぱいジャムとの相性が抜群で、ひと口食べると華やかな香りに包まれます。ポーランドでは朝ごはんやおやつとして日常的に食べられていて、食べ歩きするのにもちょうどよいサイズです。

ピルサ　アイスランド 🇮🇸

ラム肉のソーセージを使ったアイスランドのホットドッグ。しっとり・もちもちのパンに、羊肉特有の臭みのないソーセージを挟んでオリジナルのソースをかけたシンプルなものですが、アイスランドは物価が高いので、安くお腹を満たしたいときにおすすめ。アメリカのクリントン元大統領が絶賛したことで、"宇宙一おいしいホットドッグ"といわれるようになりました。首都のレイキャビクにはテイクアウトスタンドの有名店があります。

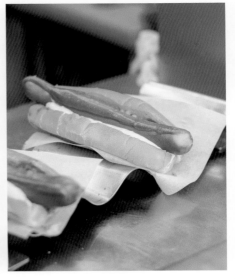

スモーブロー　デンマーク🇩🇰

デンマークの伝統料理で、北欧全般で日常的に食べられているオープンサンドイッチのこと。ライ麦パンなどのハード系のパンを薄く切り、たっぷりとバターを塗ったら、スモークサーモンなどの魚介やハム、野菜などをのせ、ディルなどのハーブを飾って美しく豪華に仕上げます。北欧では昼食や軽食としてよく食べられていて、テイクアウトも主流。ちなみに、スウェーデンでは「スモーガス」と呼ばれています。

コシャリ　エジプト =

ごはんにマカロニやスパゲティなどのパスタ、ひよこ豆やレンズ豆などを混ぜ合わせ、揚げた玉ねぎとスパイシーなトマトソースをかけた炭水化物オンパレードの料理。ジャンクフードのようですが、栄養価が高くてヘルシー。日本のラーメンや牛丼のように、街で気軽に食べられるエジプトの国民食です。現地では、卓上にあるにんにく酢や辛いソースを加えて自分好みの味にしていただきます。

タジン　モロッコ

とんがり帽子のような円錐形をした蓋の土鍋に大きめに切った肉や野菜を入れ、
弱火でじっくり時間をかけて煮込んだ、モロッコを代表する料理。食材の水分を
生かして蒸し煮にできるので、うまみを逃がしません。食材やスパイスの組み合わ
せによって様々な味が楽しめます。タジンに欠かせないのが「ホブス」と呼ばれる
丸くて平らなパン。ホブスを使って食材を挟むようにして手で食べるのがモロッコ流。

159

バニーチャウ　南アフリカ🇿🇦

港町・ダーバンの名物で、長年愛されているボリューム満点のファストフード。インド系移民が考案したとされる料理で、食パン1斤の中身をくり抜いて、そこにカレーをたっぷり注いだもの。くり抜いたパンもカレーにつけながらいただきます。つけ合わせの定番は、にんじんをピリ辛な甘酢で和えたキャロットサンバル。現地では素手でいただくインドスタイルが主流です。

インジェラ　エチオピア🇪🇹

エチオピアの食卓に主食として並ぶインジェラは、「テフ」と呼ばれる穀物から作られます。直径50cmほどのクレープのような見た目で、「ワット」と呼ばれるシチューのようなおかずと一緒にいただきます。生地は数日おいて発酵させているので小さな気泡があり、この気泡がおいしいインジェラの証。独特の酸味が苦手な日本人も多いのですが、辛いワットとの相性は抜群。アフリカ諸国の中でもインジェラを主食にするのはエチオピアだけです。

世界のおいしいドリンク

ベトナムコーヒー　ベトナム ★

ベトナムの街でよく見かける路上カフェ。朝から
たくさんの人が集まり、低い椅子に腰掛けてコー
ヒーを楽しんでいます。コーヒーはアルミのフィル
ターからゆっくりとドリップします。苦みが強いの
で、練乳や氷を入れて飲むのがベトナム式です。

テタレ　マレーシア ★

マレー語で「テ」は紅茶、「タレ」は引っ張るという
意味。練乳入りの濃厚な紅茶で、2つのカップを使っ
て移し替えながら混ぜ合わせるパフォーマンスは一
見の価値があります。空気と混ざり合うことで泡が
こんもりと盛り上がり、まろやかな味わいになります。

世界には、日本ではあまり知られていない珍しいドリンクがたくさんあります。味わいや作り方は様々で、それぞれにお国柄が表れています。旅先で休憩したいときに屋台やカフェで飲んだり、現地の食事と合わせたりして楽しめます。

ボザ　トルコ 🇹🇷

麦芽などを用いた発酵飲料。トルコの伝統的な冬の飲みもので、発酵による酸味と、穀物の甘みがほんのり感じられ、見た目以上にもったりとした舌触りには驚かされます。レブレビ（ローストしたひよこ豆）とシナモンパウダーがよく合います。

チチャモラーダ　ペルー 🇨🇦

ペルー原産の紫トウモロコシを煮出してフルーツを加え、香りづけにクローブやシナモンなどのスパイスを加えたもの。栄養価が高く、さわやかな味わいが人気で、カフェやレストランはもちろん、ペットボトル商品も販売されているのでスーパーでも購入できます。

フィリーチーズステーキサンドイッチ　アメリカ🇺🇸

炒めた薄切りの牛肉と飴色の玉ねぎ、チーズを細長いロールパンに挟んだサンドイッチ。「フィリー」はペンシルベニア州にあるフィラデルフィアの愛称で、この町で暮らしていたオリヴィエリ兄弟が1930年代にホットドッグスタンドで売りはじめたのが発祥といわれています。今では屋台やレストランのほか、野球場でも売られている人気のファストフード。マッシュルームやピーマンを使ったものもあります。

おうちで作れるフィリーチーズステーキサンドイッチ

材料（1人分）

牛切り落とし肉	100g
玉ねぎ	1/8個
おろしにんにく	1/2かけ分
バター	10g
塩・黒こしょう	少々
食パン	1枚
チェダーチーズ（スライス）	1枚

作り方

①玉ねぎは薄切りにする。

②フライパンにバターとおろしにんにく、①を入れて弱火で炒める。

③玉ねぎに火が通ったら牛肉を加えて中火で炒め合わせ、塩、黒こしょうで味をつける。

④食パンは軽くトーストして、③とチェダーチーズをのせ、チーズが溶けるまでさらに30秒ほどトーストする。

⑤半分に折って、ワックスペーパーでくるむ。

※塩をマジックソルトにすると本場の味に！

バッファローウィング　アメリカ🇺🇸

鶏手羽を素揚げしてカイエンペッパーソースをからめた料理。ニューヨーク州バッファローのバーで誕生したといわれ、アメリカではハンバーガーと同じくらいポピュラーな食べもの。家族や友人と自宅に集まってテレビでスポーツ観戦する際には、店で大量に買い込んで食べるのが定番。酸っぱ辛い味わいがビールによく合います。店で買うときは辛さのレベルが選べ、ブルーチーズソースやセロリ・にんじんのスティックが添えられます。

ロブスターロール　アメリカ🇺🇸

ニューイングランド地方の夏の名物料理。殻をのぞいたロブスターの身が、こぼれ落ちそうなほどたっぷりとパンに挟まれています。豪快にかぶりつけば、ロブスターの肉厚でぷりぷりとした食感とジューシーなうまみが口いっぱいに広がります。店によって身に溶かしバターをかけてパンで挟んだコネチカットスタイルと、身をマヨネーズで和えてパンで挟んだメインスタイルがあり、具材にカニなどを使うこともあります。

ガーリックシュリンプ　アメリカ🇺🇸

オアフ島のノースショアにあるカフクは、エビの養殖が盛んな地。ガーリックシュリンプを販売するフードトラックが集まっていて、有名店はいつも地元住民や観光客でにぎわっています。新鮮なエビをたっぷりのオイルとにんにくを使ったタレに漬け込み、殻ごと豪快に炒めた料理で、エビは大きくてやわらかく、プリプリの食感。レモンバター味や激辛チリ味など、店によって味つけが異なります。つけ合わせはごはんとサラダが定番。ハワイの暑い気候にも合うスタミナおかずです。

スモークミートサンドイッチ　カナダ 🇨🇦

モントリオールで人気のB級グルメ。牛肩肉をスパイスに数日間漬け込んでから
燻製したスモークミートを、スライスして何層にも重ね、マスタードを塗ったパンに
こぼれ落ちそうなほどたっぷりと挟んだサンドイッチ。スモークミートはやわらかく、
肉のうまみがダイレクトに味わえます。店の卓上にはトマトケチャップとマスタード
が置いてあって、味の変化も楽しめます。地元住民は飽きないよう、ピクルスやコー
ルスローを一緒に注文するのがお決まりだそう。

プーティン　カナダ

熱々のフライドポテトに、肉汁で作ったうまみたっぷりのグレービーソースと粒状のチーズカードをかけた、ケベック州発祥のB級グルメ。アメリカにも広まり、今ではマクドナルドなどのファストフード店でも食べられます。グレービーソースが濃厚で、後を引く味わいがクセになります。フライドポテトの上に野菜やソーセージをのせたものや、ステーキやスモークミート（P176）、ロブスターをのせた豪華なものまで、バリエーションも豊富です。

カサード　コスタリカ ≡

コスタリカの人たちはよく昼食にソーダ（食堂）に行き、「カサード」と呼ばれるワンプレートの定食を食べます。ごはんや煮豆、肉料理などからなるシンプルなひと皿ですが、おかずは好きなものを選べ、グリーンサラダや揚げバナナを添えるのが一般的。かつてはスペイン領だったため様々な国の人が住み、多種多様な料理がありますが、主なスパイスはコリアンダーやクミンで、唐辛子をあまり使わないのがコスタリカ料理の特徴です。

ケサディーヤ　メキシコ 🇲🇽

メキシコで人気のファストフードで、タコスに使われるトルティーヤ（トウモロコシの粉で作った薄焼きのパン）にチーズをたっぷり挟んで鉄板で焼いたもの。ケサディーヤとは「ちょっとしたチーズのもの」という意味で、チーズをメインに肉や野菜などの具材を挟んで作ります。表面のカリッとした食感と、トロリとしたチーズの組み合わせが絶妙。朝ごはんや軽食としてはもちろん、焼きたてをビールと一緒に食べるのもおすすめです。

タコス・アル・パストール　メキシコ 🇲🇽

世界無形文化遺産に登録されているメキシコの伝統料理ですが、中でもポピュラーなものがタコス。色々な種類がありますが、タコス・アル・パストールはスパイスでマリネした豚肉を重ねて塊にし、回転させながら焼いてから、薄くそぎ落としてトルティーヤにのせます。肉の焼き方はトルコのドネルケバブ（P84）と同じですが、一緒に焼いたパイナップルの甘みが肉に染み込んで、よりジューシーに。玉ねぎのみじん切りとハーブをのせ、サルサやライムの絞り汁をかけて食べるのが定番です。

ゴルディータ　メキシコ 🇲🇽

厚めのトルティーヤをラードで揚げ、切り込みを入れてポケット状に開き、肉や野菜などの具材を詰めたメキシコのストリートフード。ゴルディータはスペイン語で「太っちょ」という意味で、その名の通りボリュームがあって高カロリー。生地がもっちりとしているので食べ応えも抜群。チチャロン（油でカリッと揚げた豚の皮）や煮豆、ソーセージ、チーズ、ワカモレ（アボカドソース）、ノパル（サボテン）など、お店によって具材の種類も様々です。

タマレス　メキシコ 🇲🇽

トウモロコシ粉にラードなどを加えて混ぜ、鶏肉やサルサと一緒にトウモロコシの皮などで包んで蒸したメキシコの伝統料理。中華ちまきのような見た目で、ラードを使っているのでコクがあります。作るのに手間がかかるので、家庭ではあまり作りません。早朝、メキシコの街を歩いているとタマレスを売る屋台をよく見かけるので、蒸したてを買って朝ごはんにするのもおすすめ。スーパーマーケットでも購入できます。

セビチェ　ペルー🇵🇪

ペルーの代表的な料理で、新鮮な生の魚介を塩やレモン汁、唐辛子、赤玉ねぎ
などと和えたマリネのこと。伝統的なセビチェは魚を角切りにします。つけ合わせ
はゆでた「カモテ」というさつまいもや「チョクロ」というトウモロコシ、トウモロ
コシを炒って塩で味つけした「カンチャ」などが定番。魚介だけでなく、きのこや
野菜だけのセビチェなど、現地ではバリエーションも豊富。レストランはもちろん、
屋台などでも食べられます。

おうちで作れる白身魚のセビチェ

材料（2人分）

鯛（刺身用のさく）	150g
赤玉ねぎ	1/4個
A レモン汁	1個分
パクチー（粗みじん切り）	大さじ1
おろしにんにく	1/2かけ分
赤唐辛子（種を取って粗みじん切り）	1/2本分
塩	ひとつまみ

作り方

①鯛は1.5〜2cm角に切る。

②赤玉ねぎは薄切りにして、5分ほど冷水にさらす。

③よく混ぜ合わせたAに①を加えて和え、1分ほどおいてなじませる。

④水気を絞った②を加えて軽く和え、器に盛る。

※ホタテやタコ、サーモンなどを加えてもおいしく作れます。

ロモサルタード　ペルー🇵🇪

「ロモ」はロース肉、「サルタード」は炒めものという意味。中国の移民の影響を受けて生まれた料理なので、タレは醤油ベースの甘酢風で日本人にもなじみのある味わいです。牛肉・玉ねぎ・フライドポテト・トマトが基本の具材。炒めものにフライドポテトが入っているのがペルー料理らしくて、この肉汁を吸ったポテトが食欲をそそります。ボリュームも満点で、ペルーの人たちはごはんとともに食べます。

パパレジェーナ　ペルー🇵🇪

日本の食卓になくてはならないじゃがいもですが、じつは南米のアンデス山脈が原産地。食用のじゃがいもだけでも3000種類以上あるそうで、ペルーはじゃがいも料理が豊富です。パパレジェーナはパン粉をつけないコロッケで、家庭料理としても人気。マッシュポテトで炒めたひき肉とゆで卵を包み、小麦粉をまぶしてこんがりと揚げ焼きにします。スパイシーな味つけが後を引くおいしさ。屋台では揚げたてが購入できます。

アレパ　ベネズエラ 🇻🇪

ベネズエラの国民食として愛されている伝統的な薄焼きパン。トウモロコシの粉
にバター、水または牛乳を混ぜて練ってから焼きます。切り込みを入れたアレパ
にカルネメチャーダ（細かく裂いた牛肉のトマト煮）を挟んで食べるアレパサンド
は朝ごはんの定番。しっとりと煮込まれた肉がカリッとしたアレパによく合います。
チーズやローストポーク、ツナ、スクランブルエッグ、アボカドなど、具材の種類
も豊富です。

アサード　アルゼンチン 🇦🇷

アルゼンチンの人たちは肉が大好き。世界の中でも牛肉をたくさん食べる国で、一人当たりの年間消費量は50kgほど。そんなアルゼンチンの代表的な料理のアサードは、牛肉や羊肉、ソーセージなどを炭火でじっくりと焼いたバーベキューのことで、「ガウチョ」と呼ばれる牧童が草原で肉を焼いて豪快に食べていたのがはじまりといわれています。基本の味つけは塩のみで、「チミチュリ」と呼ばれる酸味のきいたパセリソースをかけて食べることもあります。

チョリパン　アルゼンチン 🇦🇷

炭火で焼いた極太のチョリソーを縦半分に切ってパンに挟んだホットドッグのこと。アルゼンチンのチョリソーは辛くないのが特徴。肉汁あふれるチョリソーと、スパイシーでさわやかなチミチュリの相性は抜群です。アルゼンチンのソウルフードで、首都のブエノスアイレスにはチョリパンの屋台がずらりと並ぶ "チョリパンストリート" があります。お腹を空かせて思いっきりかぶりつきたい屋台グルメです。

ジャークチキン　ジャマイカ ⚑

常夏の国、ジャマイカで人気のスパイシーな鶏肉料理。鶏肉を何種類ものスパイスとハーブを合わせたタレに漬け込んで焼きます。スパイスのコクのある味わいと刺激的な辛さにハーブの清涼感が加わって、食欲をそそります。街にはジャークチキンを売る屋台がたくさんあって、ドラム缶を使ったグリルで豪快に炭火で焼きます。屋台ではパン、レストランでは豆の入ったごはんと一緒に食べます。

おうちで作れるジャークチキン

材料（2人分）

鶏もも肉	1枚
レタス・レモン（くし形切り）	各適量
A レモン汁	大さじ1
オリーブオイル	大さじ1
オールスパイスパウダー	大さじ1
チリパウダー・クミンパウダー	各小さじ1
おろしにんにく・おろししょうが	各小さじ1/2
塩	小さじ1/2
黒こしょう	少々

作り方

①鶏肉は全体をフォークで刺し、身の厚い部分を切り開いて均等にする。

②ポリ袋に①とAを入れてもみ込み、冷蔵庫でひと晩おく。

③天板にオーブンシートを敷き、②を皮目を上にしてのせる。200度に熱したオーブンで20分焼く。

④食べやすく切って器に盛り、レタスとレモンを添える。

アカラジェ　ブラジル 🇧🇷

東部の都市、サルバドルの郷土料理。リオデジャネイロなどの大都市の屋台でも食べられます。アフリカ原産の黒目豆をすりつぶして刻んだ玉ねぎなどを混ぜ、カレーパンのような楕円形にしてデンデ油（パーム油）で揚げて作ります。アカラジェに切り込みを入れて素揚げにした小エビなどの具材を挟み、スパイシーなソースをかけて食べるのが定番です。

column 3

世界のおいしいパン

ピロシキ
ロシア 🇷🇺
肉や野菜、ジャムなど
の具材を包み、焼い
たり揚げたりして作る
パン。

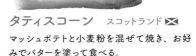

タティスコーン　スコットランド 🏴
マッシュポテトと小麦粉を混ぜて焼き、お好
みでバターを塗って食べる。

カヤトースト
シンガポール 🇸🇬
ココナッツミルクなどで作る
カヤジャムと、薄切りの
バターを挟んだトースト。

パンプーシュカ
ウクライナ 🇺🇦
ふわふわ食感のちぎり
パン。にんにくオイルや
ハーブをかけて、ボル
シチに添えて食べる。

カレリアパイ　フィンランド 🇫🇮
ライ麦粉の生地にミルク粥をのせ
て包み、葉っぱの形に
して焼いたパン。

コンチャ
メキシコ 🇲🇽
貝殻のような形
で表面に砂糖
がまぶしてあり、
メロンパンに似
ている。

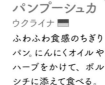

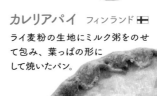

今から8000〜6000年前にメソポタミアで誕生したといわれているパン。はじめは小麦粉をこねて焼いただけの平たくてかたい"無発酵パン"でした。今では世界中に広がり、その土地の風土や生活に合ったパンが作られるようになり、各国の食文化を支えています。

ウァダーパーウ
インド

スパイシーなマッシュポテトを丸めて揚げてパンに挟んだバーガー。

ギャツビー
南アフリカ

やわらかいバゲットに肉やフライドポテトを挟んだ巨大なサンドイッチ。

ロティジョン　シンガポール

バゲットにオムレツを挟み、チリソースやマヨネーズをかけたパン。

メットブレッチェン
ドイツ

生の豚ひき肉、にんにく、玉ねぎなどをのせたオープンサンド。

ポークチョップバーガー
マカオ

パンからはみ出すくらい大きい肉厚の豚肉を焼いてパンに挟んだバーガー。

チャカレロ　チリ

薄切りにしたステーキとインゲン、トマト、チリペッパーをパンに挟んだサンドイッチ。

Photo credit

表紙	Anansing / Shutterstock.com
P4	Alamy / アフロ
P6	北原俊寛
P7	北原俊寛
P8	北原俊寛
P9	北原俊寛
P10	北原俊寛
P11	北原俊寛
P12	Vietnam Stock Images / Shutterstock.com
P13	北原俊寛
P14	Southtownboy Studio / Shutterstock.com
P15	北原俊寛
P16	北原俊寛
P17	北原俊寛
P18	北原俊寛
P19	北原俊寛
P20	北原俊寛
P21	北原俊寛
P22	北原俊寛
P23 上	Joko P / Shutterstock.com
P23 下	CatwalkPhotos / Shutterstock.com
P24	北原俊寛
P25 上	北原俊寛
P25 下	alvarobueno / Shutterstock.com
P26	北原俊寛
P27 上	arif indrianto / Shutterstock.com
P27 下	北原俊寛
P28	praphab louilarpprasert / Shutterstock.com
P29 上	f11photo / Shutterstock.com
P29 下	Thayut Sutheeravut / Shutterstock.com
P30 上	euphorical / Shutterstock.com
P30 下	Hafiz Johari / Shutterstock.com
P31 上	Nokuro / Shutterstock.com
P31 下	Alamy / アフロ
P32 上	junpinzon / Shutterstock.com
P32 下	Z. Jacobs / Shutterstock.com
P33 上	Alamy / アフロ
P33 下	junpinzon / Shutterstock.com
P34	Alamy / アフロ
P35 上	umikem / Shutterstock.com
P35 下	北原俊寛
P36 上	Alamy / アフロ
P36 下	北原俊寛
P37 上	北原俊寛
P37 下	Alamy / アフロ
P38	Alamy / アフロ
P39 上	bakjini / Shutterstock.com
P39 下	leshiy985 / Shutterstock.com
P40	Heather Raulerson / Shutterstock.com
P41 上	Piccia Neri / Shutterstock.com
P41 下	Alamy / アフロ
P42	Alamy / アフロ
P43	bonchan / Shutterstock.com
P44	Alamy / アフロ
P45 上	Kondoruk / Shutterstock.com
P45 下	iStock.com / Siraj Ahmad
P46	北原俊寛
P47	北原俊寛
P48 上	Alamy / アフロ
P48 下	Nilanka Sampath / Shutterstock.com
P49 上	Ian Murdoch / Shutterstock.com
P49 下	Alamy / アフロ
P50 上	北原俊寛
P50 下	Robert Ross / Shutterstock.com
P51	Mahesh M J / Shutterstock.com
P52	Alamy / アフロ
P53 上	PradeepGaurs / Shutterstock.com
P53 下	Alamy / アフロ
P54	WESTOCK PRODUCTIONS / Shutterstock.com
P55 上	北原俊寛
P55 左下	Filip Jedraszak / Shutterstock.com
P55 右下	ImagesofIndia / Shutterstock.com
P56	Alamy / アフロ
P57 上	Alamy / アフロ
P57 下	Shyamalamuralinath / Shutterstock.com
P58	北原俊寛
P59 上	2p2play / Shutterstock.com
P59 左下	TMON / Shutterstock.com
P59 右下	北原俊寛
P60	北原俊寛
P61 左上	StreetVJ / Shutterstock.com

\ see you!! /

世界の街角グルメ

2023年5月10日　初版第1刷発行

編著	パイ インターナショナル
文・レシピ	島本美由紀（料理研究家）
写真	北原俊寛　Shutterstock, Inc.　株式会社アフロ　ゲッティ・イメージズ・セールス・ジャパン合同会社
デザイン	公平恵美
校正	株式会社ぷれす
編集	池田真純

発行人　三芳寛要

発行元　株式会社パイ インターナショナル

〒170-0005　東京都豊島区南大塚2-32-4

TEL：03-3944-3981　FAX：03-5395-4830

sales@pie.co.jp

印刷・製本　株式会社サンニチ印刷